Porqu
Me Amo
Because I Love Me

Cynthia Tatum Robinson
Ilustrado por: TullipStudio

MW01490401

Este libro está dedicado a mis cuatro hijos
Mikayla, Elijah, Alonna, y Josiah.
Ustedes han nacido para resaltar.

This book is dedicated to my four children
Mikayla, Elijah, Alonna, and Josiah.
You were born to stand out.

Cuando miro al espejo

adivina a quién veo?

Alguien especial que **AMO**

devolviéndome la mirada.

When I look in the mirror

guess who I see?

Someone special

I **LOVE** staring back at me.

Mi cálida sonrisa llena

cada lugar en el que

entro, con mi risa juguetona

y piel perfecta.

My sunny smile fills each room I walk in,

with my silly laugh and perfect skin.

Ya sea marro'n como el caramelo

o blanco como

la nieve, oscuro como la hermosa noche,

o bronceada con un brillo.

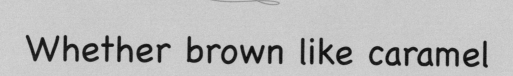

Whether brown like caramel

or fair as the snow,

dark as the lovely night,

or tanned with a glow.

Pecas, espinillas, manchas,
o con cicatrices,
Yo soy como nadie y **BRILLO BRILLANTE**
como las estrellas.

Freckles, pimples, clear, or with scars,
I'm like no one else
and **SHINE BRIGHT** like the stars.

Cuando mi cabello es rizado, ondulado o lacio, soy yo a quien adoro y celebro.

When my hair is curly, puffy, or straight, it's me I adore and do celebrate.

Desde la cabeza hasta los pies,

mis rodillas a mi nariz,

YO SOY MARAVILLOSAMENTE HECHO

y realmente se nota.

From my head to my toes,

my knees to my nose,

I'M WONDERFULLY MADE

and it really shows.

No todos notarán la **GRANDEZA** que poseo. Esto no cambiará mi valor ni me hará sentir menos.

Not everyone may see the **GREATNESS** I possess. This won't change my value or make me feel less.

Bajo o alto, Gordo o delgado,

ME AMO COMO SOY

por dentro y fuera.

Short or tall, round or thin,

I LOVE WHO I AM

outside and within.

Puede que no siempre

encaje entre la multitud.

Aún me quedan muchas razones

para sentirme **ORGULLOSO**.

I may not always

in with the crowd.

Still plenty of reasons

for me to feel **PROUD**.

Yo soy **FUERTE**

y **PODEROSO,**

PERFECTO como pueda ser.

I am **STRONG**

and **POWERFUL,**

PERFECT as can be.

Soy **ÚNICO**

y **VALIOSO**.

Sólo hay un yo.

I'm **UNIQUE**

and **VALUABLE**.

There is only one me.

Por eso nunca debo

comparrme con miembros

de mi familia, amigos,

o cualquier otra persona.

That's why I should never

compare myself

to family, friends,

or anyone else.

Mi ropa, mis zapatos

e incluso mi cerebro

son **DIFERENTES A LOS DEMÁS.**

Nadie es exactamente igual.

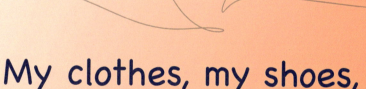

My clothes, my shoes,

and even my brain

are **DIFFERENT FROM OTHERS.**

No one's quite the same.

Cuando yo estoy **FELIZ** con

quién fui creado para ser,

mi vida fluye con **BONDAD**.

Mi corazón se vuelve libre para

When I am **HAPPY** with who

I was created to be,

my life flows with **KINDNESS**.

My heart becomes free to

AMAR profundamente como los océanos

y ampliamente como los mares.

Yo puedo verdaderamente amar a otros

PORQUE ME AMO!

LOVE deep as the oceans

and wide as the seas.

I can truly love others

BECAUSE I LOVE ME!

Cuidaré mi cuerpo, mi corazón, y mi mente. Esto me ayuda a sentirme feliz y **TRATAR A LOS DEMÁS AMABLEMENTE.** Me animo a mi mismo y **ANIMO A MIS AMIGOS.** Yo nunca olvidaré que el **AMOR SIEMPRE GANA.**

I'll take care of my body, my heart, and my mind. This helps me feel happy and **TREAT OTHERS KIND.** I cheer for myself AND **CHEER FOR MY FRIENDS.** I'll never forget that **LOVE ALWAYS WINS.**

AMARME a mi mismo es importante hacerlo. Porque **ME AMO,** yo puedo **AMAR** a los demás, también!

LOVING myself is important to do. Because **I LOVE ME,** I can **LOVE** others, too!

-ABOUT THE AUTHOR-

Mi nombre es la Sra. Cynthia y estoy encantada de compartir con ustedes mis libros de Rhyme-Time Learning Adventure. Escribir ha sido mi pasión desde que era una niña. Me llena de alegría crear historias que no solo entretienen, sino que también enseñan e inspiran a jóvenes como tú. Cada libro que escribo tiene un significado especial y está diseñado para recordarte tu lugar único en el mundo. Cuando era niña, a menudo dudaba de mí misma y de mis habilidades. ¡Apuesto a que a veces tú también te sientes así! Bueno, aprendí a dejar de compararme con los demás y simplemente ser YO. Me convertí en reportera de noticias en televisión y ahora trabajo para uno de los mejores distritos escolares de Carolina del Sur. Estoy casada y tengo cuatro hijos increíbles. Me encanta pasar tiempo con mi familia, viajar, cantar y probar nuevas recetas en la cocina. A medida que crezcas, espero que siempre conserves la curiosidad y el entusiasmo por aprender. ¡Nunca olvides que fuiste creado para hacer cosas grandiosas! Sin importar los desafíos que enfrentes, eres fuerte, especial y simplemente increíble.

Con cariño,
Sra. Cynthia

My name is Mrs. Cynthia and I am thrilled to share my Rhyme-Time Learning Adventure books with you. Writing has been my passion since I was a young child. It brings me so much joy to create stories that not only entertain, but also teach and inspire young people like you. Each book I write has special meaning and is designed to remind you of your unique place in the world. Growing up, I often doubted myself and my abilities. I bet you feel that way sometimes! Well, I learned to stop comparing myself to others and just be ME! I became a television news reporter and now I work for one of the best school districts in South Carolina. I am married and have four amazing children. I love to spend time with my family, travel, sing, and try out new recipes in the kitchen. As you grow older, I hope you will always carry the wonder and enthusiasm for learning. Never forget that you were created to do great things! No matter the challenges you face, you are strong, special, and simply amazing!

Love,
Mrs. Cynthia

Made in the USA
Columbia, SC
06 April 2025

56015620R00022